Pier Pia Paul Zellin

URRUHE

Manifeste und Essays
der Liga der Leeren

© www.urruhe.de

Paul Zellin, geb. 6.1.1947 in New York, spielte bis in die 80er-Jahre hinein in San Francisco (Kalifornien) eine wichtige Rolle als weltweit bekannter Guru der späten 60er im Rahmen des Human Potential Movement. Nach der Auflösung seiner Sekte gründete er eine Restaurantkette und lebt heute zurückgezogen in Tamalpais Valley, wo er als 5-Sterne-Koch incognito neue Gerichte für seine NoYogaFood-Filialen kreiert.

Pia & Pier Zellin, geb. 9.9.1974 in Berlin. Als Kinder eines Gurus lernten sie schon früh den "Zirkus um die Erleuchtung" in der Spiriszene kennen und wurden gezwungen zu meditieren. Seit 2014 fungierte Pier als Pressesprecher der LDL. Im Oktober 2015 zog er zu seiner Zwillingsschwester nach Kapstadt, wo Pia Antiyoga unterrichtet.

Die **"LIGA DER LEEREN"** (LDL) wurde 2014 als anonymes transspirituelles Netzwerk diverser politisierter ehemaliger Gurus und Antigurus aus dem Umfeld des ehemaligen Magazins "connection spirit" (Hrsg. Wolf Schneider) ins Leben gerufen, um über den eigenen kosmologischen Tellerrand zu schauen.

ORIGINALAUSGABE 2016
ISBN 978-3-8482-1161-6
Herstellung und Verlag: BoD
Books on Demand, Norderstedt

"Dies ist eine zahnlose
Verschwörung, wie ein Club
für Gefängnisausbrecher.
Diese Veranstaltung, zu der
wir zusammenkommen
und über diese Themen
diskutieren, ist eine
sanktionierte Veranstaltung,
rundum gebilligt von genau
dem Regime, gegen das wir
Pläne schmieden. All die
Bücher, Magazine und
Veranstaltungen des
Ausbrecherclubs sind
von der Gefängnisleitung
gesponsert."

Jed McKenna
SPIRITUELLE DISSONANZ
(2007)

EGOLOS –
ICHFREI STATT ICHLOS

Die Verwechslung der Begriffe erzeugt Missverständnisse

Weil der spirituelle Jargon psychophilosophische Begriffe adaptiert, ohne sie eindeutig zu definieren und dadurch klar genug voneinander abzugrenzen, entsteht das Paradoxon, dass es Erleuchtung einerseits sehr wohl gibt UND zugleich gar nicht geben kann!

Das ewige Lieblingsthema von esoterischen Gurus und spirituellen Lehrern ist die "erleuchtete" Überwindung von allzu starren, festen Selbst-Bildern durch Auflösung des Selbst-Verständnisses in einen "kosmisch" flexiblen Bewusstseinszustand. Die Öffnung des Egos für seine innerste Leere wird dabei fahrlässig gleichgesetzt mit dem Verlust der Ich-Identität. In den verschiedenen Anleitungen zum "Erwachen" purzeln die zentralen Begriffe EGO, SELBST, SEELE, MITTE, GOTT und ICH munter durcheinander, jeder benutzt sie nach eigenem Gutdünken. Dadurch entsteht nicht nur Verwirrung beim Lesen der unterschiedlichen Ansätze, sondern auch unnötiger Streit zwischen den einzelnen Lehrern und Schulen, denn alle möchten die Wahrheit für sich pachten, indem sie die metaphysischen Wörter wie ihren Eigentum behandeln.

Windstille Mitte

So kommt es dann, dass einer sagt, dass das Selbst sehr wohl existiere und meint damit die Emotionen des Egos. Der andere glaubt, dass das Ich eine Illusion sei und meint damit das Selbst. Und ein dritter behauptet, das Ich als Identität verschwände, wenn sich das Ego auflöse, und meint damit gar nicht das Ich an sich sondern das Festhalten an einem bestimmten Ich-Bild. Jean Gebser unterschied darum (in seinem Hauptwerk 'Ursprung und Gegenwart') die präpersonale Ichlosigkeit von der transpersonalen, integralen Ichfreiheit. Das "freie" Ich ist hierbei nicht von sich selbst befreit sondern vom Fixiertsein auf seine egozentrischen Projektionen. Durch das Loslassen vom festgefahrenen Ich kehrt das

Bewusstsein zurück in die windstille Mitte des psychischen Orkans und erlebt sich daher als entleert vom Ich als einer zwanghaft symbolischen Selbst-Darstellung. Dieses Leersein als nackte Selbst-Wahrnehmung erlaubt einen neuen, "befreiten" Umgang mit den Gefühlen und Gedanken des Ichs, die nun nicht mehr als Selbst-sicheres Ego humorlosen Druck auf ihre Umwelt ausüben, sondern entdeckt werden als das, was sie sind: ein neurotisches Potenzial, das mit der nötigen Selbst-Ironie relativiert werden kann.

Ozeanische Bewusstheit

Das "absolute" Selbst ist nur noch die leere Mitte, um die sich alle Ich-Bilder wie ein Kopfkino ansiedeln. Die Person IST jetzt ein spiritueller Hohlraum mit unendlichen Teilpersönlichkeiten und "spielt" nur noch die Identität, weil sie sich nicht mehr identisch fühlt mit einzelnen Projektionen. Der Tropfen BEWAHRT seine Form im Ozean (ein Koan!), aber er konzentriert sich nicht mehr auf seine Form. Die ozeanische Bewusstheit verleugnet den einzelnen Tropfen nicht, denn in Wahrheit BESTEHT der Ozean aus seinen unendlich vielen Tropfen. Das ist kein Paradoxon, es ist komplementär wie das Yinyang im Tao: der Kreis ist die Form, die beim Kreisen der ineinander verschränkten Tropfen entsteht, das Nonduale ist lediglich das RUHEN in dieser runden Form, während die Tropfen sich rastlos im Fluss der Ereignisse kreisförmig drehen. Wer sich mit einem bestimmten Tropfen identifiziert, dreht sich im Kreise, besonders wenn er als Tropfen (Ich) die Form des Kreises selbst HABEN möchte. Die Sehnsucht nach dem Absoluten, also der leeren Kreisform, führt zu einer inflationären Dissoziation, bis das Ich sich als pseudoerleuchtetes Meta-Ich aufbläht und sich einbildet, rund zu sein. Hier beginnt der unsinnliche, körperlose Größenwahn mancher Gurus, die ihre eigenen Existenzängste verdrängen.

Leere Liebe

Die Heimkehr ins tatsächlich ichfreie Körperbewusstsein dagegen erlaubt es, das sinnliche Leben ekstatisch zu zelebrieren, ohne sich von den Sinnen neurotisch "verführen" zu lassen. Doch diese Ankunft in der authentischen, echten Wirklichkeit scheint das viel größere Problem für das verängstigte Ich zu sein, das oftmals erst enttraumatisiert werden muß, um sich die Rückkehr in seine eigene Mitte zu trauen. Denn Ankommen im bildlosen, "offenen" Selbst heißt eben auch Loslassen vom Ich, das sich mit Selbst-Bildern vor Schmerzen und neuen Enttäuschungen schützt. Der therapeutische Effekt im Moment dieser Ankunft in der ureigenen Stille als Urruhe, Leere, oder wie immer man es nennen mag, dieser Effekt führt oft zu Tränen der Erleichterung (enlightenment), die so überwältigend sind, dass es als wahre Erleuchtung und Aufwachen aus einer Hypnose empfunden wird. Das Ergebnis des therapeutischen Prozesses hingegen ist trivial, nur der Weg dorthin ist beschwerlich. Je größer die Angst vor dem Sprung in die Leere war, desto großartiger fühlt sich die "große Befreiung" dann an. Das Ergebnis ist trotzdem trivial und erzeugt das genaue Gegenteil vom Größenwahn des Meta-Ichs: Demut und Dankbarkeit. Vielleicht reden sehr viele Lehrer deshalb von einer Art "göttlichen Liebe", weil ja die Selbst-

Liebe verschüttet war und nun als Liebe des leeren Selbst zum ganzen Leben wiederentdeckt wird.

Gesichtsloser Seinsschock

Leider erzeugt aber das Wort "Liebe" genau so wie "Frieden" und "Energie" oder "Buddhafeld" das gemeine Missverständnis, dass man in der windstillen Mitte solch eine Qualität wie ein Objekt auffinden und besitzen könne. Die echte, erfahrbare Mitte ist aber absolut LEER, das ist das zenistische Geheimnis des Ganzen! Traditionelle Religionen und sektiererische Ersatzreligionen, die ihre Schäfchen mit dem Versprechen schröpfen, am Ende des steinigen Weges erführe man diese Liebe und überirdisches Licht als elitäre Segnung, verheimlichen das wahre Gesicht der Erleuchtung: die Gesichtslosigkeit. Denn am Ende ist niemand mehr da, um die Erleuchtung zu feiern. Die Suche nach einer letzten, unglaublich großen, entscheidenden Erleuchtung entpuppt sich als Sehnsucht des eingeschüchterten Egos, sich selbst zu überwinden. Wenn es das schafft, gibt es kein Ego mehr, um darauf stolz zu sein. Die heiß und innig ersehnte Erleuchtung ist nur was für Unerleuchtete. Wer NACH seiner eigenen Befreiung noch vorsätzlich vortäuscht, man müsse mehrere Leben lang meditieren und darüber hinaus eine Psychoanalyse absolvieren, um sich nicht selbst zu blockieren, verrät seinen narzisstischen, antihumanistischen Charakterpanzer, der das Phänomen des Erwachens als teures Konsumprodukt vermarkten will. Dass sich ein ehmaliger Schüler vom Guru distanziert, sobald wirklich Erleuchtung eintritt, erscheint uns nur allzu gesund und verständlich.

Kein Erleuchteter mag die Gesellschaft arroganter "Erleuchteter". Er lebt einfach sein Leben – in den Augen der Seinsschock, auf den Lippen ein Schmunzeln.

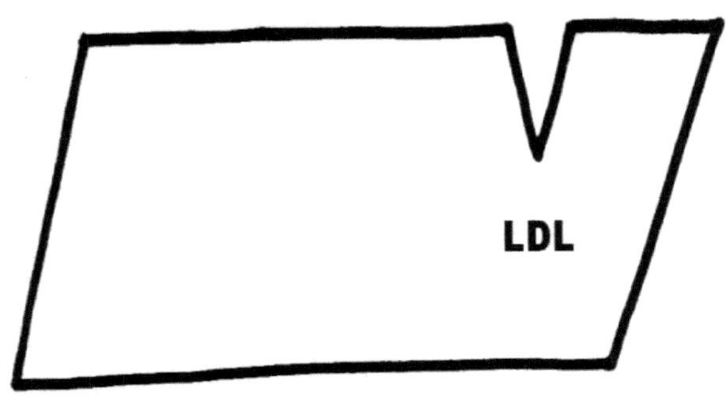

SPIRITUALITÄT
& SPIRITUOSEN

Weder Rotweinmarken noch Retreatmeister befreien dich

Durch Bewusstwerdung des Todes die Sucht nach dem nächsten Kick als Secondhand-Spiritualität überwinden und ein Leben ohne Retreats und Rotwein beginnen – frei von Sehnsucht!

Es gibt ein sehr menschliches Bedürfnis, sich von den tieferen Fragen nach dem Sinn des Lebens abzulenken, wenn die Frustration über ausbleibende Antworten größer ist als die Wahrscheinlichkeit, irgendwann doch noch auf eine "letzte" Antwort zu stoßen. Dann greift der Mensch in seiner Enttäuschung zur Flasche und hofft, dass der Rausch eine ähnliche Glückswirkung auf das Gemüt hat wie die vermisste Ekstase der großen Erkenntnis. Aber vielleicht handelt es sich bei dieser spirituellen Sehnsucht um ein gewaltiges Missverständnis, das durch esoterische Schundliteratur geschürt wurde.

Seelischer Peilsender

Wer immer nur Bestseller mit Erleuchtungsrezepten konsumiert, tappt in die Falle des Aberglaubens an ein elitäres Ziel für wahrhaftig Eingeweihte und überhört dabei immer mehr seine innere Stimme, die das Geheimnis des Lebens längst gelüftet hat. Diese feine Intuition braucht weder Lektüre noch Ablenkung durch Drogen, denn sie schaut direkt ins mystische Gesicht des Seins und macht sich ein eigenes Bild vom Ganzen. Wer in Kontakt mit seinem seelischen Peilsender steht, der durchschaut all die Masken und Fratzen, die auf dem Marktplatz des Spirituellen feilgeboten werden, denn er hat einen eigenen Zugang zum Sein, dessen wahres Gesicht ein leerer Spiegel ist.

Kiosk und Klischees

Die Gesichtslosigkeit des Ganzen lässt sich allerdings nicht verkaufen, weshalb man im esoterischen Supermarkt keine Informationen darüber vorfindet. Die spirituellen Regale sind randvoll gefüllt mit einer ebenso brutalen Ablenkung wie der

Kiosk mit Spirituosen. Ob du zu tief in die Flasche schaust oder zu tief in die kitschigen Klischees der popspirituellen Götter- und Geisterwelten, ist eigentlich egal – beide Manöver lenken dich ab von der Meditation über die gesichtslose Leere! Es bedarf einigen Mutes, um den Verlockungen nicht zu verfallen oder wieder zu entsagen, je länger man sich in der einen oder anderen Szene schon aufhält. Dank Spirituosen und Spiritualität findet man schnell neue Freunde, mit denen man ein gemeinsames Lebensgefühl teilt und sich gegenseitig verschleiert, wie fürchterlich entfremdet man von der eigenen Seele dahin vegetiert. Von Flasche zu Flasche, von Workshop zu Workshop. Was dem einen sein Rotwein, ist dem anderen sein Retreat. Man ist beschäftigt und hat immer ein Gesprächsthema. Das Leben im Ablenkungsmanöver ist das reinste Schlaraffenland. Bis zum Tod.

Schlund der Unendlichkeit

Erst auf deinem Sterbebett dämmert dir plötzlich, dass du noch nie damit angefangen hast, selber das Leben nach Antworten zu befragen. Dein ganzes verdammtes Leben lang hast du dich in einer Secondhand-Spiritualität eingelullt und konntest dich immer kompetenter über Rotweinmarken und Retreatmeister unterhalten. Du warst irgendwann automatisch ein Profi und durfest dann selber den Geist aus der Flasche und die Geister der Fastfoodliteratur zu erstaunlichen Preisen anbieten. Je edler der Tropfen, je esoterischer der Trost, desto teurer das Hochglanzprodukt! Eine gewaltige möchtegern-integrale Industrie für all die suchenden Seelen, denen kein Lehrer je beigebracht hat, wie man tatsächlich in sich hinein horcht, um in der Stille des inneren Friedens so anzukommen, dass kein äußeres Produkt als Ersatz nötig wird. Jetzt, auf deinem Sterbebett, bist du gezwungen, von all diesem Hokuspokus loszulassen. Hier hilft keine Verdrängung mehr weiter, hier lassen dich alle Weisheiten im Stich. Du stehst dem Leben im letzten Atemzug von Angesicht zu Angesicht gegenüber. Und dieses Gegenüber verwandelt sich endlich in den entleerten Spiegel. Du schaust durch deine eigenen Augen hindurch in den pechschwarzen Schlund der Unendlichkeit und landest auf keiner anderen Seite, sondern kommst bei dir selbst an. Ein Selbst, das nun endlich kein Gesicht mehr benötigt, ein projektionsfreies Selbst, dem die letzten Masken vom Fleisch gerissen wurden und darunter die Leere höchstselbst zum Vorschein kommt. Kein Rotwein der Welt und kein Retreat auf keiner noch so schönen Insel kann dir das geben, was dir die Erwartung des Todes schenkt: echte Freiheit anstatt dieser Gier nach dem nächsten Kick!

Taoistische Nüchternheit

Du "wohnst" nicht nur als eingebildete Seele in deiner Haut, sondern du BIST deine Haut, deine Knochen und grauen Zellen. Du BIST das vergängliche Mysterium selbst, dein gesamtes Sein besteht aus der unendlichen Leere des geheimnislosen Rätsels, genannt LEBEN. Wenn du jetzt nochmal von vorne beginnen dürftest, bräuchtest du weder Spirituosen noch Spiritualität. Alles wäre unendlich leichter, obwohl es das Gegenteil der erhofften Erlösung ist: nicht die neurotische Sehnsucht wurde gestillt, sondern die Sehnsucht an sich wurde zersetzt, aufgelöst, in der ganz nüchternen Ekstase der Ankunft im Ganzen verpufft. Diese Fatamorgana des Leidens an der angeblichen Entfremdung vom Göttlichen verschwand einfach bei Sonnenuntergang und im Leuchten des Vollmondes erstrahlt die gesamte Landschaft in einer kühlen Klarheit, die jedem Gott abschwört und sich vor dem Leben selber verneigt. Dieses zerbrechliche Leben, dessen Moleküle im Innersten leer sind, ist selber die erleuchtetste Weisheit, die es zu entdecken gilt. Jeder Reis, der gekocht wird, jede Liebe, die "gemacht" wird – alles atmet die Leere und die Unendlichkeit. Das Tao ist immer und überall, es ist grenzenlos wie das Weltall, du kannst nirgendwo außerhalb des Taos sein, es ist eins mit dem Weltall. Wenn du aufhörst, dich davon abzulenken, lenkt dich das Leben befreit von der Sucht und der Sehnsucht selbst, und das Lachen kehrt zu dir zurück...

DIE "ONENESS"-FALLE

Das pseudomystische Missverständnis der Einheitsfalle

Der Unterschied zwischen der Blüte und dem Boden, aus dem sie wächst, ist entscheidend! Das Zweisein und das Einssein ergänzen sich in der gefühlten Leere

Der Titel sagt eigentlich alles: die Sehnsucht nach Oneness ist eine Falle, in die jeder Esoteriker solange tappt, wie er die unendliche Leere nicht im Innersten seines hohlen Ichs selber spürt, sondern sie als Gedankenkonstrukt dualistisch abspaltet und dann auf die ganze Welt projiziert. Aber die sogenannte Welt ist eben genau jene Ebene der Wirklichkeit, auf der alles ZWEI ist, in Form von fein sauber voneinander abgrenzbaren Phänomenen. Für diese dinghafte Ebene ist die Sprache gemacht, hier wird verhandelt und in Beziehung zueinander gesetzt. Alles bekommt einen Namen und einen Wert und kann dadurch kommuniziert werden. Hier gibt es nichts Mystisches und Geheimnisvolles, hier herrscht die brutale Klarheit des Sonnenlichts. Alles ist sichtbar und wird gesehen. Das Ding ist ein Ding und die Welle ist eine Welle. Der Apfel ist keine Banane, der Mensch ist kein Tier. Die Wolken ziehen vorüber, das Meer rauscht am Strand. Wo liegt das Problem? Alles ist da. Alles ist Welt. Und die Welt ist schön. Nur eine missverstandene Mystik führt den Esoteriker in die Versuchung, aus allem eins machen zu wollen anstatt diese Zweiheit der Dinge zu würdigen und zu genießen. Er meint, es sei schlimm und entfremdet, daß alles für sich steht und erst ins Gespräch kommen muß, um in Verbindung zu treten. Er wünscht sich nichts sehnlicher als einen kosmischen Einheitsbrei, in dem dann sein eigenes Ich aufgelöst werden soll. Aber was hat er denn gegen sein eigenes Ich? Es befähigt ihn, zu kommunizieren, sich mit der Welt auseinander- und zusammenzusetzen. Ohne sein Ich wäre er wieder im Stadium eines Kleinkindes, das die Welt nur mit großen staunenden Augen beglotzt und nicht beim Namen nennen kann, weil die Namen in diesem Zustand noch nicht erfunden sind. Hat das einen Vorteil für sein Überleben? Hätten wir eine Zivilisation entwickelt? Tiefe Verbundenheit zwischen allen Dingen herstellen zu wollen, erfordert zunächst einmal, die Dinge überhaupt zu sehen. Im Detail. Einzeln. Jedes für sich. Wenn sich die Welt in der Wahrnehmung wie eine Blüte aufblättert und wir die einzelnen Blütenblätter zusammenzählen, dann sehen wir die ganze Blüte und spüren, wie sie aus einem Stengel wächst, der aus dem Boden kommt. Dort wohnt die unendliche Leere, im Wurzelwerk ganz tief im Erdreich. Genauso fühlt sich die innere Mitte des Menschen an, wenn er sein Ich als die Blütenblätter empfindet, jedes Blatt als ein anderes Teil-Ich – und tief in seinem innersten Wesenskern ruht wie der Boden mit seinen Wurzeln bis in die bodenlose Tiefe, wo die Leere des Ganzen zuhause ist. Hier findet die Einheit statt, nicht in der äußeren Welt der Erscheinungen! Wer die Blüte mit der Bodenlosigkeit der Wurzeln verwechselt, der ist diesem mystischen Missverständnis verfallen, das Einssein auf einer falschen Ebene herbeizaubern zu wollen. Die Einheitsfalle ist dann erbarmungslos zugeschnappt und hat den Esoteriker mit seinem romantischen Aberglauben geboren.

SYNONYMSATORI

Die gefühlte Gegenwart braucht keinen Begriff

Die Esoterikblase wird eines Tages ähnlich platzen wie die Börsenblase! Der große Spiricrash ist längst überfällig. Das 4.Manifest der LDL soll jetzt schon die größten traditionellen Illusionen enttarnen.

Im interdisziplinären Vergleich stellte sich für die LDL literaturhistorisch heraus, dass die Begriffe Ego, Selbst, Seele, Gott, Tao, Kern, Mitte, Zentrum, Freiheit, Geist, Transzendenz, Unsterblichkeit, Urgrund, Stille, Leere, Licht, Liebe, Energie, Quelle, Essenz, Kraft, Einheit, kosmisches Bewusstsein, reines Bewusstsein, Buddhanatur, wahre Natur, das Absolute etc pp letztlich alles Synonyme desselben metaphysischen Wunschdenkens sind, das den Fluss des Lebens anhalten will. Die Sehnsucht nach etwas Festem, Statischem, Überirdischem, das die materielle Bewegung überdauert.

Urberuhigte Bewegung

Insofern ist auch der Begriff "Urruhe" nur ein esoterisches Synonym für all diese idealistischen Projektionen, wenn er dualistisch verstanden wird. ES GIBT KEINE URRUHE, solange man sie als einen bestimmten definierbaren Zustand anstrebt, im dialektischen Gegensatz zur UNRUHE. Erst die totale Disidentifikation von sämtlichen Projektionen ermöglicht, sich "urberuhigt" zu bewegen, also frei vom Glauben, Hoffen und Sehnen nach einer festen, gefüllten Mitte. Die echte Mitte ist leer.

Esoterischer Phantomschmerz

Die Hoffnung, durch Meditation und andere bewusstseinserweiternde Techniken in einer Mitte anzukommen, in der man wohnen könne, ist ein esoterisches Hirngespinst – der Phantomschmerz der Spiriszene auf der Suche nach Erleuchtung! Es gibt keine Erleuchtung. Alles leuchtet sowieso ontologisch. Das SEIN ruht in sich selbst. Man muss nirgendwo "ankommen". Wir SIND angekommen, weil wir DA sind. Die Materie ist heilig.

Die Sprache der Gegenwart

Die echte Urruhe findet als egofreie (kernlose, gottlose etc) Bewegung des Ganzen IN SICH SELBST RUHEND statt. Der wahre Name einer derart erwachten Person lautet GEGENWART. Das namenlose Ichgefühl. Das integrale Ich, das sich nicht mehr begrifflich von der restlichen Materie "getrennt" fühlt, sondern keinen Begriff mehr von sich benötigt. Die Freiheit von allen Begriffen. Die Sprache dient endlich der Gegenwart, ganz konkreter Gegenwart. Durch und durch Gegenwart. Durch. Du bist endlich durch. Herzlich willkommen im Universum!

BERUHIGTE BEWEGUNG

Totales, unendliches Diesseits ohne Jenseits. Jetztseits hat die Medaille mit dem Wert "Sein" nur eine einzige Seite. Wer die Leere erfährt (echte Erfahrung ist kein esoterisches Gedankenkonstrukt sondern ein absolut reales Erlebnis mit allen Sinnen!), kehrt automatisch ins Diesseits zurück, weil die echte Leere LEER ist. Der spirituelle Unterschied zwischen Leere (als elitäres Geheimnis von Gurus) und Diesseits (als Traum oder Illusion) war nur die dualistische Einbildung des abgespaltenen Egos, das seine eigene Leere noch nicht bemerkt hat. Sobald die eingebildete Jenseitigkeit des Ichs zerplatzt, lösen sich sämtliche Begriffe in der realen Bewegung der Wirklichkeit auf. Keine Urruhe nirgendwo. Kein Ich nirgendwo. Keine Quelle, kein Ursprung, kein Gott, keine Urenergie, keine Ursache, kein Ur überhaupt, keine Mitte, kein Nichts. Alles IST DA. Die Bewegung der Materie ist in sich selber beruhigt. Das Diesseits IST leer. Die Leere IST diesseitig. Die Mitte ist überall. Alles ist mittig. Ohne Metaphysik. Das ist beruhigend. Und bewegt. Berührt. Wir kriegen Gänsehaut vom Ganzen! Kein fernes Ich sucht mehr nach einer letzten Ruhe "jenseits" des Ganzen. Mit großer Erleichterung spüren wir endlich DAS TOTALE LEBEN durch unsere Adern fließen. In unserer eigenen Nähe. Urnähe. Das Ganze ist ganz. Alles ist vollständig. Durch und durch. Wir sind uns selber nahe. Näher geht nicht. Die Urruhe ist nur die Identität des Seins mit sich selbst. Einssein kannst Du nicht "mit" etwas, sondern Du BIST entweder eins (nämlich Du!) oder stehst neben Dir, weil Dein Ego etwas anderes sein möchte als Du selbst. Dieses zu sich selbst sprechende Ego möchte gerne sein "Selbst" finden, anstatt einfach selbst zu sein. Wenn sich das Ich GANZ VON INNEN spürt, denkt es sich nicht mehr, sondern schaut einfach aus sich heraus. Dieses selbstberuhigte Ich ist keine feste Person mehr geschweige denn eine virtuelle Persönlichkeit, sondern eine reale Bewegung durch Raum und Zeit. Der Körper ist sich selber bewusst. Der Geist kann denken. Der Mund kann sprechen. Die Augen schauen. Die Ohren hören.

Hände greifen. Beine laufen. Mehr passiert nicht. Wir begegnen uns. Kein Extra-Ich hinter einer Fassade aus Sinnen. Die Sinne produzieren den ganzen Sinn. Die Oberfläche ist unendlich tief. Das Gespräch zwischen Sprechenden besteht aus ausgetauschten Wörtern. Diplomatie der Küsse. Die Menschheit hat eine neue Chance. Angekommen. Aufgewacht. Uns liebgewonnen. Keiner flüchtet mehr. Die Freundschaft macht sich breit. Die Urruhe ist in der Begegnung spürbar. Das OM braucht keine B...om...ben. Die Völker schließen Frieden. Die eine Hand wäscht die andere. DIE EINE HAND WÄSCHT DIE ANDERE. Zen total. Du kennst den Klang Deiner klatschenden Hände. Wie klingt der Kaffeeklatsch Deiner leeren Tasse?

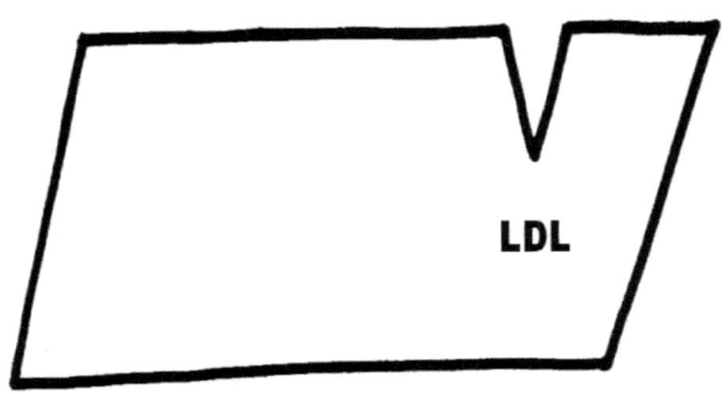

TRANSPARENZ
STATT TRANSZENDENZ

Das Nichts VERNICHTET. Der Verstand VERSTEHT. Die Vernunft VERNIMMT. Die Gefühle FÜHLEN. Die Sprache SPRICHT. Das Bewusstsein ist sich seiner Existenz BEWUSST. Das Ich erfindet das Wort "ICH", um sich selbst zu erfinden, und glaubt fortan, es müsse sich davon befreien, um von sich selbst befreit zu sein. Danach soll NICHTS SEIN. Aber nur das SEIN IST. Das Nichts ist nicht. Denn das Nichts VERNICHTET. Der Verstand versteht ES auch ohne Ich. Die Vernunft vernimmt ES auch ohne Ich. Die Gefühle fühlen ES auch ohne Ich. Die Sprache spricht auch ohne Ich. Das Bewusstsein braucht kein Ich, um sich seiner selbst BEWUSST zu sein. Das Ich war identisch mit dem Nichts! Als das Ich verschwand, wurde ALLES aus sich selbst heraus sichtbar und begann zu leuchten. Die große Selbstleuchtung des Seins begann. Dieses Licht war DURCHSICHTIG. Transparent. Man schaute einfach durch alles hindurch, ohne dass es ein "Dahinter" gab. Die

Transparenz offenbarte keine Transzendenz. Die Erleuchtung war nur diese Selbstleuchtung. *"Was für eine niederträchtige, blasphemische Gemeinheit"*, dachte das zutiefst religiöse Ich und tanzte wie Rumpelstilzchen um das eingebildete Feuer. Wir zogen den Stecker und die elektrische Flamme erlosch mitsamt des Ichs in der Dunkelheit. Dieses sogenannte Ich war selbst nur ein elektrischer Spuk. Erst in der Dunkelheit seiner eigenen Sprachlosigkeit sah das Bewusstsein, wie SEHR alles leuchtete: DAS SEIN WAR PLÖTZLICH "SEHR", nicht mehr...

E.G.O.
(E=ERKENNTNIS/EKSTASE, G=GANZHEIT/GESUNDHEIT, O=OM/OFFENBARUNG)

Solange das Ich nicht in sich selbst ruht, glaubt es, der Verstand sei "entfremdet". Aber es ist nur unsere idiotische Kultur, die uns einredet, dass wir nicht in uns ruhen würden, weil wir uns gleichzeitig beobachten können. In Wirklichkeit beobachtet sich dasselbe Ich selbst. Es ruht in sich UND erkennt sich, indem es sich selbst spiegelt. Das pure (absolute) Gefühl, in sich zu ruhen, ist einfach nur die Fähigkeit, durch den leeren Spiegel hindurch zu schauen und sich von innen zu fühlen. Dort fühlt sich die Materie selbst. Das ist Bewusstsein: die Selbsterkenntnis des Universums in seinen Gebilden. Kein Computer konnte sich bislang derart selbst erkennen. Dazu bräuchte er nicht "noch mehr" Speicher- kapazität, sondern die richtigen Extremitäten (wie Augen und Hände), um überhaupt in den Spiegel schauen zu können. Was für eine lustige Vorstellung: ein erleuchteter Computer, der seine "rechnende" Existenz bemerkt und zugleich die Leere seiner elektrischen Schaltkreise! Das Universum bemerkt sich selbst...

25.+26.4.2016

Gastbeitrag: NEINYOGA

Vielen Menschen fällt es schwer, NEIN zu sagen, wenn eine Forderung nicht ihrem eigenen Bedürfnis entspricht. Noch schwerer fällt vielen, zu allem an sich nein zu sagen: KOMPLETT LOSZULASSEN! Aber erst wenn sich der Mensch von allem befreit hat, vorallem von sich selbst (den Selbstbildern: Ego, Gott und das Nichts), sagt das bewußte Bewußtsein AUTOMATISCH zum ganzen Leben JA. Weil alles IST. Weil alles bewußt DA ist.

Das Paradoxon der "Selbstüberwindung" (bekannt als das Verlöschen des Egos): Solange sich der NEINsager noch selber beim Neinsagen zuhören kann, hat er es noch nicht geschafft, zu SICH SELBST nein zu sagen. Aber wie soll der NEINsager zu sich selbst nein sagen und sich dabei also selbst verneinen? Wer oder was kann also nein sagen, OHNE dabei als der Sagende selbst zu existieren?? Dieses Paradoxon beschäftigt alle spirituellen Traditionen, die Erleuchtung anstreben, und erzeugt einen absurden LEISTUNGSDRUCK, der irgendwann zum "spirituellen Burnout" (Zitat Nullyoga) führt. Um das Verlöschen des Egos ranken sich sagenhafte Legenden (und viele Gurus machen ein unnötiges elitär-sakrales Geheimnis darum), denn es geschieht auf eine Weise, die sich der absurden Logik des Paradoxons entzieht! Nachdem dieses "letzte Nein" passiert, sieht das Bewußtsein die Welt mit anderen Augen: absolut nondual ! Ohne Person, die sich als Seher erlebt, nur noch die sehenden Augen selbst! Dann erst beginnt das Leben im "Großen Ja-Gefühl", weil nichts mehr da ist, um nein zu sagen. KEIN Ego sagt mehr NEIN, die Existenz selbst sagt ja. Jasager als "Personen" gibt es sogesehen nicht, sie sind reine EX-isten-ZEN...

URLAUB (Gegenwärtigkeit)
& URRUHE (Gelassenheit)

Viele Freunde (auf Facebook) und Follower (auf Twitter) mögen vielleicht denken, der Pier, oh der hat's gut, der ist jetzt im Urlaub und tankt diese heilige Urruhe jeden Tag, nach der wir uns hier im gewöhnlichen Alltag des Arbeitslebens so sehr sehnen. Aber das stimmt nicht! Ich bin weder "in Urlaub" noch tanke ich Urruhe, denn beide Begriffe sind hohle Nüsse für einen waschechten Nullyogisten, der ich ja sein muss, da ich ja Pier Zellin bin, der sagenhafte Begründer der Antisekte, die sich als Satire tarnt, aber insgeheim Anhänger aquiriert, um die Weltherrschaft zu übernehmen, wie es sich für eine echte Sekte ziemt. Aber Spaß beiseite: ich schaue fast täglich mehrere Stunden in den Horizont des Ozeans und lausche dem Heranspülen der Wellen. Der Sand unter meinen Füßen wärmt meine Fußsohlen, ja brennt sogar manchmal zu sehr, um barfuß zu laufen. Wir gehen die Strandpromenade entlang und sagen oft nichts. Es ist einfach überwältigend, diese intensiven Farben der Natur in sich aufzunehmen, sich randvoll damit anzufüllen und das Gefühl zu haben, selber diese Intensität zu sein, weil man nichts anderes wahrnimmt als diese sinnliche Reizüberflutung. Dann setzen wir uns in eines der kleinen Strandcafés, um zu brunchen und mit dem Smartphone via Wlan ins Internet einzuloggen. Im Café ist es schattig und etwas kühler. Mit etwas Glück wird sogar chillige elektronische Meditationsmusik gespielt. Ich liebe das! Ich bin nicht mehr als all diese Eindrücke. Es kommen noch die Erinnerungen hinzu, die mein Geist produziert. Freie Gedanken über tausend Kleinigkeiten, die gerade nicht hier sind. Ideen für morgen. Interpretationen von Erlebtem. Das Gehirn ist ein Wunderkasten! Ich lasse mich durch diese Gedanken treiben, nehme sie ebenso real wahr wie das Geschehen um mich herum. Es sind alles Informationen, die verarbeitet werden, keine ist besser oder schlechter, innen oder aussen; denn ich habe keine Mitte in mir, auf die sich die Informationen beziehen oder wo sie gesammelt werden. Die Bilder in meinem Kopf sind genauso äusserliche Objekte wie die

Gegenstände um meinen Körper herum. Ich ziehe eine künstliche Grenze um meinen Körper und sage: in meinem Körper ist "innen" und ausserhalb der Haut ist "aussen". Aber in echt finde ich keinen Punkt, der sich als wahres Ich festmachen lässt, um wirklich eindeutig zu sagen: Ich bin der Körper. Oder: Ich bin das Gehirn. Da ist einfach nur Wahrnehmung, Bewusstsein, das sich einen Namen gibt und mit Informationsfluten jongliert. Die Tastatur meines Smartphones ist zum Beispiel nicht weniger "ich" als die Finger, die sie berühren, solange es diese Handlung des Schreibens gibt. Realität ist nicht die Hand ODER die Tastatur sondern DAS SCHREIBEN, das aus BEIDEN besteht: Finger UND Tastatur. Es wird geschrieben. Es schreibt sich. Das Schreiben passiert. Da schreibt sich was. Auch der Tisch vor mir ist Teil dieser Handlung, der Stuhl, auf dem der Körper sitzt, der auf den Namen Pier gehorcht und der Cocktail, der über meine Zunge den Weg in den Magen hinuntergleitet. Alles wird wahrgenommen und ergibt in der Summe das Jetzt, das passiert. Mehr Ich zu erwarten wäre die ewige

Hoffnung auf einen LETZTEN Augenblick, eine LETZTE Erfahrung, eine LETZTE Gegenwart, die sich zum Diktator der Mitte aufspielen wollte. Diese Mitte ist nicht nur leer: es gibt sie überhaupt nicht! Wer die Realität als UNENDLICH empfindet, der spürt diese Erkenntnis mit den eigenen Sinnen: die Unendlichkeit hat keine Mitte, die Mitte ist quasi überall, immer dort, wo wahrgenommen wird und sich Identität aus der Informationsflut herauskristallisiert. Für einen Moment gibt es das Ich, aber es ist in seiner konkreten Unendlichkeit nicht vollständig zu fassen, bevor es sich schon wieder in neue Bestandteile verwandelt hat – der nächste Moment ist gekommen! Das Treiben von Augenblick zu Augenblick nennt man auch "Flow", wenn man tatsächlich ohne ein abgespaltenes, reflektierendes Extra-Ich aus allem besteht, was passiert. Ganz eingegangen in diesen Flow löst sich sogar das Gefühl auf, es gäbe verschiedene Augenblicke: die Einteilung des Seins in Zeiteinheiten erweist sich als Konstruktion des Gedächtnisses! DU BIST in echt NUR JETZT. Das kann man sogar beim Schreibvorgang erleben: Du denkst nur

DAS HÖREN des Geräusches der Tastatur und DAS SEHEN der geometrischen Formen der Buchstaben, die vor Dir wie aus dem Nichts auftauchen, indem Du sie hinschreibst. Dein Denken ist randvoll mit Sinneseindrücken. Und zwischendurch bemerkst Du sogar einige Traumbilder, die im Hinterkopf gleichzeitig abspulen. Der Geist produziert permanent traumartige Bilder, nicht nur im Schlaf, aber wir schauen die innere Leinwand nicht tagsüber an, um nicht durchzudrehen vor lauter Eindrücken. Die Welt ausserhalb der Hautbegrenzungen ist schon ein einziges Spiegellabyrinth voller Reize, die permament neu verarbeitet werden. Wenn dann noch die inneren Bilder hinzukommen, und dann noch womöglich sogenannte paranormale Erscheinungen, die weder innen noch aussen eindeutig passieren, dann ist der Augenblick, diese totale Gegenwart, wirklich zum Überschäumen voll von Informationen. Wer diese unendliche Totalität der Gegenwart mit einem statischen, transzendenten Ich kanalisieren will, wird leicht überfordert sein und womöglich in eine Psychose abrutschen. Die Auflösung der Mitte zugunsten eines fließenden Ichgefühls ist da sehr hilfreich. Das ist für einen spirituellen Sucher leider kaum möglich, denn er möchte nicht loslassen, ohne irgendwo anzukommen. Ankommen ist dieser heilige Wunsch des Urlaubers, der im tagtäglichen Stress keine Urruhe findet. Er glaubt, er sei von der Arbeit verspannt und bräuchte eine Pause. Diese ersehnte Pause nennt er dann Tiefenentspannung. Da haben wir wieder den Dualismus, der unser Ego auf Trab hält: Verspannung im Alltag und Tiefenentspannung im Urlaub. Und dann wundert sich dieser Urlauber, dass die erhoffte Urruhe nicht eintritt. Denn insgeheim soll diese Urruhe im Grunde einer Erleuchtung gleichen. Er möchte durch meditatives Loslassen in einer Urruhe ankommen, an der er sich festhalten kann, ohne Angst, dass sie wieder verschwinden könnte. Diese Sehnsucht ist alt wie die menschliche Suche nach metaphysischer Wahrheit! Was aber tatsächlich passiert, ist etwas sehr Simples: der Urlauber verabschiedet sich von seinen Alltagseindrücken und sammelt einfach nur neue Bilder an, Bilder, die Balsam für die Seele sein sollen, im Gegensatz zu den verspannten Handlungen des stressigen Alltags. Er tauscht die einen Bilder gegen die anderen aus, anstatt aus der psychischen Konsumhaltung ganz auszusteigen und FREI VON ALLEN BILDERN zu werden, nämlich frei von dem Ich, das sich nur über die Bilder definiert. Dann erst passiert Urlaub mitten im Alltag und die Urruhe wird spürbar, ohne etwas Spezielles zu erleben. Denn es gibt dann kein Ich mehr, das sich verspannt oder tiefen-entspannt fühlt, sondern nur ein zerfließendes Ichgefühl, das im totalen Jetzt angekommen ist und die jeweilige Spannung der Gegenwart wahrnimmt. Gegenwart ist immer eine konkrete Spannung. Aber es gibt diesen erleuchteten Unterschied, ob da ein Extra-Ich definiert, dass die eine oder andere Spannung als "total" tiefen-entspannt oder "total" verspannt wahr-genommen wird — oder ob das Bewusstsein an sich ohne Extra-Ich jede Spannung als unendliches Ziel in der unendlichen Nähe empfindet. Das Ziel der befreiten Identität liegt niemals ausserhalb dessen, was gerade jetzt wahrgenommen wird. Wenn ein inneres Traumbild im Jetzt erscheint, das schöner und spannender wirkt als die derzeitige Gegenwart, so ist auch dieses Gedankenbild ein Teil der gegenwärtigen Spannung und kann dazu motivieren, sich in eine Richtung zu bewegen, wo das innere Bild auch im Äusseren auffindbar wird. Aber das geschieht mangels Extra-Ich ohne den zwanghaften Druck, den das Ich erzeugt, wenn es mit dem Augenblick unzufrieden ist. Unzufriedenheit kann zwar zu neuen Zielen anstacheln, aber die permanente Unzufriedenheit aufgrund der Abhängigkeit von speziellen Erlebnissen führt dazu, dass dieses bildersaugende Ich niemals ankommt, weil alle Bilder vergänglich sind, alle Sinneseindrücke, alle Informationen, alle Augenblicke. Erleuchtung geschieht nur als Befreiung von diesem konsumorientierten Extra-Ich, um in der fließenden Wahrheit der sich ewig wandelnden Gegenwart aufzuwachen und zu bemerken: da ist niemand da, der behaupten könnte, aufgewacht zu sein – alles IST wach! Selbst das Extra-Ich, das Du vorhin noch als Deine "Identität" empfunden hast, war nur ein BILD Deiner Wahrnehmung, eine abstrakte Projektion einiger ausgewählter Informationen der Realität, während die anderen Bilder als Nicht-Ich empfunden wurden. Jetzt sind da nur noch ichlose Bilder, die sich nahtlos aneinanderreihen, und kein Bild, das behauptet, ein Ich zu sein. Das Gehirn nimmt sich selbst als "das Schwimmende" in der Schädelschale wahr, und das Denken nimmt sich als neurochemischen Prozess im Gehirn wahr. Die Haut nimmt sich als Haut wahr, die Augen nehmen sich als Augen wahr und den Tisch vor mir als Tisch. Die ganze Welt besteht aus Sinnesobjekten (Impressionen), die sich gegenseitig wahrnehmen. Sie erscheinen und zerfallen, sie begegnen sich und entfernen sich. Die Objekte sind allesamt absolut wahr, absolut wirklich, absolut da. Aber sie haben keinen Bestand, sie sind hohl, sie sind leer, sie sind wie das Fensterglas, durch das man hindurch schaut, als wäre da nichts. Das ist unsere Welt: sie ist total leer und hohl und doch absolut da. Die Füße am unteren Ende des Körpers, der sich Pier Zellin nennt, genießen den warmen Sand unter sich, der Mund, der diesem Menschen gehört, schlürft seinen Cocktail, die Ohren des Menschen lauschen der Wellenbrandung. Der Geist dieses Menschen denkt: *"Es wurde genug gesessen, der restliche*

Körper will wieder Schwimmen gehen." Und so steht Pier Zellin gleich wieder auf und verschwindet aus dem Café, als hätte es das Internet nie gegeben. Der Himmel ist strahlend blau, die Sonne scheint immer noch, und die Menschen sind fast nackt und schön. Am Strand wird getanzt. Es ist paradiesisch! So paradiesisch wie überall, wo das SEIN wahrgenommen wird. Falls Du jetzt gerade im Fahrstuhl eines Wolkenkratzers feststecken solltest, versuche zu spüren, dass es DAS ABSOLUTE SEIN ist, das sich da gerade als Fahrstuhl und kaputte Elektrik manifestiert. Nutze die Zeit, um mit Deinem Smartphone durchs Internet zu surfen und für Deine Allgemeinbildung Sorge zu tragen. Oder falls die Verbindung abbricht, spüre den Atem, der von Deinen pumpenden Lungen erzeugt wird: Ist es nicht wunderbar, wie SEHR ALLES DA IST! Niemand braucht irgendwas absichtlich zu machen, um "noch wahreres" Sein zu erzwingen. Das Sein ist immer und überall wahr und wahrhaftig. Jetzt atmest Du endlich tief durch und spürst dieses ewige Urlaubsgefühl mitten in diesem verfluchten Fahrstuhl. Alles ist in seinem eigenen Anwesenheitsgefühl angekommen und ist nicht mehr als das, was es ist. Das ganze Sein ist da und passiert absolut wirklich genau so, wie es JETZT IST. Nichts braucht irgendwas loszulassen, weil niemand zum Festhalten da ist. Die Große Gelassenheit der entkernten Gegenwart verwebt alle Bilder zu einem einzigen Film. Der Film des Lebens läuft und läuft und läuft. Alles ist gegenwärtig. Die Urruhe ist nur die Tatsache dieses unendlichen Flusses. Jede Handlung ist diese ultimative Tat-Sache "SEIN". Ein Teil des Geistes, der diesen Text hier formuliert hat, empfindet den Text übrigens als sehr oberflächlich. Er ist mit seinen Gedan-ken "total unzufrieden" (seht Ihr mein breites Grinsen?), weil er nichts Neues sagt und trotzdem nicht schweigt. Aber ein anderer Teil des Geistes hat diesem Gedankenstrom nachgegeben, weil er genau das wissen wollte: hat sein Gehirn irgendwas Neues kapiert? (wieder: breites Grinsen) Nein, es ist alles beim Alten geblieben. Nullyoga rund um die Uhr. Bis zum sogenann-ten "Lebensende" (breiter kann ich nun nicht mehr grinsen) – MEHR IST NICHT ZU ERWARTEN. Enjoy the empty existence! Pier Zellin funktioniert wie eine Maschine, die sich ihrer selbst bewusst ist. Die Maschine ist immer so groß wie die Gegenwart. Ich möchte Dich, meinen geliebten Leser, nicht langweilen, aber ich fürchte, dies war mein letzter theoretischer Text. Ich würde mich in Zukunft auf die Beschreibung der konkreten Realität einzelner Phänomene im Tagesablauf beschränken müssen, aber wozu sollte ich solche "persönlichen" Tagebucheinträge verfassen? Du bist ja selbst in der Mitte des Universums angekommen und erlebst das ganze Sein hier und jetzt! Schöner als dort, wo jeder von uns das Sein derart nondual spürt, kann die Erde nicht sein. Lass uns anstoßen auf unseren wundervollen Planet, unser Zuhause, das wir mit Bomben und Plastik übersähen, weil wir abstrakte geistige Ideale verfolgen anstatt uns vor der natürlichen Schönheit des Seins zu verneigen. Die Menschheit ist ein Monster, das sich selber zugrunde richtet, wenn es DAS LIEBEN nicht lernt. Fangen wir also als einzelne Exemplare schon heute damit an: verneigen wir uns voreinander und reichen uns die Hände! Egal, woran wir glauben oder nicht glauben! Wir sind alle gemeinsam DA...

THE IMPORTANCE OF INFINITY

Mindfulness is an egocentric bullshit! There's no need to be mindfull as there's simply nobody to be anything at all. EVERYTHING IS ANYWAY!

Pleonasmus: *"NULLYOGIS OHNE GRENZEN!"* Denn die Null hat keine Grenzen, der mathemathische Null-punkt ist eine grenzenlose Lücke wie Dein Ego.

Nondualisierst Du noch oder lebst Du schon? (für nullyogisch Erwachte kein Unterschied!)

ALLES IST JETZT EXISTENZIELL. Everything is existential now. Everything is really what it simply is right now. Give reality a chance to be!

Practising Nullyoga means to feel fulfilled in every moment/movement. NO RELIGIOUS NEEDS: RESPECT HAPPENS! We are 1 family!

As long as you believe in anything you cannot be nondually PRESENT as the absolute mOMent is totally free of any belief – no psychic terror!

Nullyoga feels sorry for people that get hurt or killed thru terror bombing but also for those SICK SOULS that believe in brutality.

Die Achse des Weltenrads ist hohl, die Ruhe in der Mitte ist nur eine Simulation des dualisierenden Egos. DU BIST DIE BEWEGUNG der Speichen!

Aus nullyogischer Erfahrung gibt es den Dualismus Ruhe/Bewegung nicht, auch keine Simulation – wir empfinden ALLES als ABSOLUT real und wesenlos.

Es gibt keinen Unterschied zwischen Ruhe und Bewegung aus dem nondualen Lebensgefühl von Nullyogis. "Urruhe" ist nur ein Mindfuck: Mindfakt!

Was ist ein "nondualer Pol"? Ich kenne keine Pole ausser den beiden der Erde. Pseudononduale Advaita-Floskeln waren Auslöser für Nullyoga...

It's no paradox! What is "there", is NOT "not" but really absolutely HERE. But: 100% interdepending from each other...

There is no "better you" and no law at all neither of attraction nor energy exchange – vOMit your attached extra-ego and get in touch!

You must, you shall, you need, you want, if you start, if you practise – if, if, if, you, you, you MUST NOT MUST AT ALL 'cause you are it right now as i!

Your i is the only thing that you can feel from inside of yourself but it is no "thing" but EVERYTHiNG YOUR SENSES TOUCH!!

As long as you search for any greater truth than reality you stick to the idea of a level beyond the world, an object before big bang etc pp

Reality itself is the only truth you can find honestly. Your ego as an illusion of your thoughts belongs to this complete reality as well!

If you believe in an "experience of nothingness" as the nondual pole of truth, you are still an ego that separates infinity in two sides!

Ein Nullyogi ist transspiritueller Anarchist, denn er hat keine Ideologie, sondern handelt aus ABSOLUTER GEGENWÄRTIGKEIT. Hier passiert alles...

Wer "absolut gegenwärtig" handelt, hat keinerlei EGO-EIGENEN Absichten, da sich sein Identitätsgefühl aus ALLEM zusammensetzt, was PASSIERT...

So-called "integral" people still believe in God and so-called "non-dual" people seek for silence.

A stupid idea of esoterical people is the so-called "oneness" combined with the belief that separation is an illusion. It is much easier!

Believing in yourself as a so-called person means to separate an inside from an outside object. But all things create each other right now!

A self-person is the same result of consciousness as all other objects. The REAL person does not consist of an eternal ego-core but INFINITY.

INFINITY is neither a scientific theory nor a meditation method but just the experience of your senses if you dare to be in absolute touch!

There is no different so-called "divine" truth behind or beyond reality that can be called god or nothingness. Non-duality happens totally NOW...

THERE IS no enlightment, no awakening, no awareness, no non-duality, no liberation, no mindfullness to consume: NO PERSON to get rid of!

The spiritual problem is not being separated from the others but from yourself! Return to the absolute concrete SELF-FEELING: blood, breath!

If you allow yourself to BE whatever your senses experience, all other objects are ok as well because NO PERSON feels separated any longer!

INFINITY can not be separated in two sides (inside/outside, matter/meta-physics) but consists of everything reflecting each other right now!

If you believe that life would be an illusion or even just the dream of god, you are separated from THIS TOTAL MOMENT of absolute zeroness!

Infinity has got no dualistic opposite: Everything reflects each other on the one & only same infinite level called universe doing Nullyoga!

The ego wants to be something different than infinity. It is a "cramp of consciousness"! Infinity is neither full nor empty but EXISTENCE...

Zeroness is the simple fact that infinity has got no dualistic opposite! Therefore your senses touch the absolute truth flowing HERE & NOW...

As infinity has got no opposite it is neither empty nor full but just what it is: the COMPLETE BEING in the way you are aware of it today...

How can you seek for non-duality? As long as there is that seeking person you never understand that you experience non-duality all the time!

Stop believing that your ego is more than just a thought and feel that thinking itself is same infinite as the reflected object called WORLD.

Even your thinking itself is just a reflected object of your awareness and therefore a part of the infinite world without transcendental god.

As any object (your thinking itself included!) is part of infinity it is irrelevant to call reality illusion or truth: it is nondually (T)HERE!

Consciousness itself belongs to infinity as well as all other reflected objects of that object called "consciousness". ZERO TRANSCENDENCE...

Autistisch oder empathisch? Wissenschaftlich oder religiös? Dualismen des Egos! WIR NEHMEN DIE WELT WAHR!

THIS IS THE INFINITE NATURE.

THERE IS NO "NATURE" BEYOND THE INFINITE NATURE ITSELF. NATURE CONSISTS OF ALL EMPTY OBJECTS THAT OBSERVE EACH OTHER. EMPTINESS IS NO OBJECT AT ALL.

Society is sick: people don't trust their senses because everything is in flow. They seek for silence beyond movement instead of BEING NOW...

Did i mention enough THE IMPOR-TANCE OF INFINITY as a basic experience of fucking normal awareness without super-ego?

Don't practise any method to get rid of your ego to be enlightened. As long as you NEED your ego you cannot wake up anyway. JUST TRUST & WAIT...

To wake up simply means to understand that THERE IS NOBODY to wake up but just your empty existence that was born and will die. That's LIFE!

Nullyoga is neither nihilism nor atheism because there is no person to BELIEVE in so-called "nothingness" or "no-god". LIFE needs no idea!

Although Nullyoga feels TOTALLY NEUTRAL about meaningless life, it is an attitude to say completely YES. Not to something special but BEING!

So-called "unconditioned love" is same esoterical bullshit as the belief in non-duality: we ARE separated beings, that's how we cOMmunicate!

But BEING ITSELF is an infinite process of 1 totality that is empty within itself. Therefore everything is ABSOLUTELY connected without back.

I LOVE COMMUNICATION! I LOVE TO BE MYSELF! I LOVE TO BE A MOUTH TO TALK AND KISS! I LOVE TO BE TWO HANDS TO EMBRACE YOU! I LOVE TO BE BEING!

Every day is the best day of your life IF it wasn't yesterday or tomorrow. But it doesn't matter what is best IF you accept what happens.

It happened to me being involved into the german spiritual scene to understand that they are all stressed with the pressure of practising...

The spiritual seekers try to reach a so-called inner peace freedom love emptiness because SOMEBODY feels separated from SOMETHING. Silly!!!

As soon as that "somebody" reaches the goal called emptiness it happens that NOBODY is left to feel that everything IS an empty river anyway.

The river is not empty because of missing water but because the water is not frozen but FLOWING: dancing drops of the ocean called BEING...

Religions are like frozen water: people imagine that the whole infinite stream of being could be caught in an idea called god or gaia. Silly!

As soon as the so-called "soul" gets empty there is nobody to feel himself naked. To BE means conscious clothing

NO BUDDHA NO CRY

28.8.2016

BE IDENTICAL:
GREEN IS JUST GREEN AND
NOTHING ELSE BUT GREEN

When you look into the ocean, what do you think? Oh, god made this all? Or: there must be a beginning of it all? Or: the colour is just a psychic projection and not the absolute truth? Or maybe: water is more than the element we see? The "real" water is behind or beyond the experienced water? You stupid idiot search for MORE than THERE IS because you did not learn to FEEL THE EMPTY INFINITY OF IT ALL! Stop thinking about the ocean and enjoy the absolute nondual truth that EVERTHING IS JUST EVERYTHING – EVERYTHING IS ITSELF !!! Everything does itself... There is no source, no essence, no god, no reason, no big bang, no absolute object that gives you any answer WHAT & WHY life IS – life just IS: zooming deep into the details of the elements you find emptiness and infinity as well as far away in universe! Microcosmos is the same as macrocosmos – green IS green, water IS water, emptiness IS emptiness, ego IS ego, love IS love – but nothing is "more" (on another dimension or level or other bullshit) than what it is. There is no answer but existence itself. ENJOY NULLYOGA :-)

Das war das Buch

"U R R U H E"
Manifeste und Essays
der Liga der Leeren

© *www.urruhe.de*

http://urruhe.jimdo.com
twitter.com/LigaDerLeeren
facebook.com/LigaDerLeere
www.youtube.com/
user/ligaderleeren
www.panoramio.com/
user/urruhe
instagram.com/urruhe

Gastbeiträge an:
ligaderleeren@gmail.com